# 宝贝
# 上学啦

## 小学生入学适应指导

刘泽田　王传娥　主编

山东教育出版社

## 本书编委会

主　　编：刘泽田　　王传娥

副主编：卜　皎　　杨　振

编　委：倪小梅　　魏　燕　　杨金惠

　　　　王俊华　　李光霞　　刘传姗

# 前言

亲爱的家长朋友：

孩子从幼儿园进入小学，是他们人生中的一大转折。他们的角色将从"小朋友"转变为"小学生"，他们所面对的环境和规则都会发生质的变化，需要适应以学习为主的学校生活。孩子在刚入学后的一段时间能否较好地适应学校生活，将会对他们后续的学习生活产生深远的影响。因此在这关键的阶段，需要家长帮助孩子在各个方面做出相应的调整和改变，关注孩子的入学适应程度和幼小衔接问题。

为协助家长朋友快速地与老师形成合力，共同帮助孩子轻松地适应小学生活，我们组织了一批具有丰富经验、长年从事幼小衔接研究的一线班主任教师，根据教育部颁发的《国家中长期教育改革和发展规划纲要》精神，紧扣入学阶段儿童的心理发展规律，精心编写了这本《宝贝上学啦：小学生入学适应指导》。本

书涵盖了新生家长普遍关心、渴望了解的问题，围绕孩子入学的环境适应、学习适应、行为适应、情绪适应等方面编写教育策略与指导，优秀班主任、成功家长从不同角度解读孩子入学前后的变化并介绍教育经验。同时，本书还配有关于入学适应方面的、富有童趣的童谣供亲子、师生共读。

　　希望《宝贝上学啦：小学生入学适应指导》能协助您更好地了解孩子，智慧育儿。让我们家校携手，帮助孩子从容面对即将到来的、丰富多彩的小学生活。

编　者

# 目录

# 第一部分
## 认识我们的学校

# 这是我们的学校

看！这是我们美丽的学校门口，今后我们每天都要从这里走进丰富的学习生活。

走进校门，映入眼帘的便是高大的教学楼，是我们学习的地方。

多么整齐的教室啊！我们一定要有正确的读写姿势，时刻保持桌凳整齐。这样，教室才会更加美丽！

教室

地面比较湿滑哟！请不要拥挤、打闹。

小朋友们，请节约用水哟！接水时，要自觉排队！

卫生间

水室

大、小操场（活动的地方）

我们一起看一看综合楼里的专用教室吧，我们将在这里起航

音乐教室

书法教室

微机室

科学实验室

# 第二部分
## 入学指导

# 第一章　准备篇

**导读**

　　从幼儿园到小学是孩子学习生涯中的重要阶段，是接受正规教育的第一个起点，他们即将面对的是新的环境、新的集体，接受的是一种全新的学习要求。有很多孩子在这一过程当中会有不适应的现象，这一点让家长很头疼。如何能够让孩子从幼儿园到小学顺利过渡？良好的生活与学习习惯至关重要，而良好习惯的养成要有一个循序渐进的过程，如何养成呢？作为家长要有相应的各项准备和策略，让自己的孩子快乐地进入小学生活！

## 第一节 帮助孩子做好心理准备

**策略一：激发孩子上小学的兴趣，帮孩子在思想上做好准备**

家长要让孩子在心理上放松，让孩子觉得上小学是很光荣、很开心的事，对小学生活进行合理和美好的想象，使他们对小学生活充满信心和向往。例如告诉孩子："上小学了，你就会学到更多知识，掌握更多的本领！""你上学后会认识很多新老师、新朋友，真是太棒了！"

**策略二：让孩子提前熟悉小学校园，帮助孩子更好地适应小学生活**

入学前，带孩子参观小学校园的各种设施，熟悉学校以及周围的环境，有助于减少孩子在上学第一天的不安和紧张感。

**策略三：相比幼儿园，家长对孩子的要求要略有提高**

较之幼儿园，小学阶段在要求上要高一些，所以家长要提前做好准备，提早培养孩子的一些良好习惯。例如：要求孩子写字看书时，坐姿要端正，做到"一尺一寸一拳头"；让孩子学会自己整理书包；上学前能仔细地想一下，该带什么东西去上学，不能遗漏自己的学习用品，放学时能记住今天的作业。

这些要求要循序渐进，根据自己孩子的实际去培养，切不可过急、过高要求，让孩子产生压力和抵触情绪。

**策略四：关注孩子在校园的学习以及生活，及时给予指导和帮助**

孩子在学校的成长、进步，家长都要多关注，给予鼓励和指导。家长关注的不应仅是学习成绩，更需要关注孩子的情绪、与他人交往的能力、品德的养成等方面，这些方面比起学习，对孩子的挑战更大！

**策略五：入学初一定多与老师交流沟通，及时了解孩子在校的适应情况**

刚入学的孩子一开始对于学校的各项要求还没有完全适应，在情绪上会低落，家长在这个期间要多留意孩子的情绪变化，孩子进入小学后的一两个月是最关健的时期，需要经常与老师联系，了解孩子在学校的表现，这样才能更好地帮助孩子尽早适应小学生活。

## 第二节 入学前孩子需培养的五个好习惯

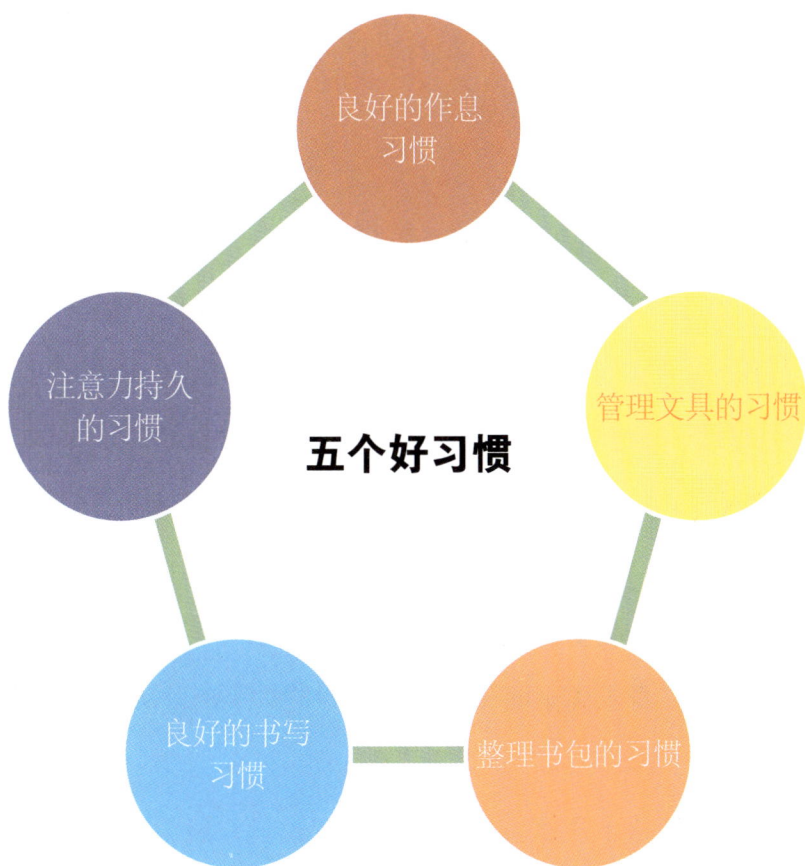

良好的作息习惯

管理文具的习惯

整理书包的习惯

良好的书写习惯

注意力持久的习惯

**五个好习惯**

### 习惯一：养成良好的作息习惯

由于小学到校时间比幼儿园要早得多，为了避免迟到，以及保证学习精力，家长在开学前一两周就要着手调整孩子的作息时间。

### 习惯二：养成管理文具的习惯

刚入学的孩子经常会管理不好自己的文具，尤其是铅笔、橡皮，老师们每天都能捡到一大把铅笔，却没有人来认领，孩子们自己也认不出这些铅笔是不是自己的。家长要在孩子的铅笔、橡皮上贴上姓名，以便丢失后寻找。

### 习惯三：养成自己整理书包的习惯

家长看到孩子收拾东西慢时，就会直接动手帮孩子收拾，这样是不行的。家长一开始可以帮着孩子一起收拾，但要逐渐放手，帮助孩子从整理书包中学会自己的事情自己干。

### 习惯四：养成良好的书写习惯

刚入学的孩子的写字姿势很多都不正确，头很低，背很弯，握笔姿势千奇百怪，很不容易纠正，所以需要家长注意观察孩子的写字、读书的姿势。指导孩子做到"三个一"：身子坐正，头离桌面一尺；身子离桌面一个拳头；握笔时手离笔尖一寸。

### 习惯五：养成注意力持久的习惯

一年级的孩子注意力集中时间比较短，一般为15分钟左右，而一般小学的一堂课是40分钟左右，所以训练注意力的持久性就尤为重要。如果孩子不能养成持久的注意力，就会对学习产生影响。在入学前，家长可以针对自己的孩子的特点做出相应的训练，给孩子布置一些任务，比如读一本书、写一次作业，事先给孩子提出要求，不完成不能做其他事情，家长中途也不要打扰孩子，让孩子逐渐养成持久的注意力，专心做某一件事情。

## 第三节　宝贝入学必备物品清单

### 文具类

1. 若干型号为HB的木制铅笔，事先削好，并配笔帽。（开学带8~10支）

2. 一个好用的削笔器，教孩子学会自己使用，并告知孩子削下的木屑需清理干净。（暂时不要带到学校。）

3. 2块以上橡皮，建议买白色方块橡皮，不要使用香味过浓和过于花哨的橡皮。一则为了孩子的健康考虑，二则防止孩子分心。

4. 1个简单实用的笔袋（不要铅笔盒），使用时噪音小，不影响听讲。

5. 1把直尺，以15cm为佳，能放入笔袋。

6. 2块硬纸垫板，尺寸适中，不带图案的。

7. 书皮、本子皮：可选用实用透明的玻璃粘纸。

8. 一些必要的美工用品，比如安全剪刀、油画棒、水彩笔等。

9. 写有孩子名字的不干胶标签纸若干。刚入学时，细心的家长应该给自家孩子的学习用品（铅笔袋、尺子、铅笔等所有带到学校的用品）上贴带有名字的小标签。

10. 透明皮的文件袋，用来帮助孩子整理练习纸。

**生活用品类**

1. 1条手帕，使用手帕节约、环保，是个好习惯。

2. 1包纸巾，可以用来上厕所，擦鼻涕。

3. 水壶，贴上标签，避免丢失。

4. 抹布，擦拭桌子和椅子。

5. 环保袋，避免孩子随手丢垃圾。

# 第二章　入学篇

## 第一节　学习适应指导

**导读**

　　刚入学的孩子需要培养良好的学习习惯，为将来打好坚实的基础。

　　良好的学习习惯包括什么？家长们应该怎样去帮助孩子呢？

# 一、基础性学习培养目标及养成策略

## 目标引航

| 学习习惯 | | 目标 |
|---|---|---|
| 基本学习习惯 | 学校 | |
| | | **学会倾听** 上课认真听老师讲课，认真倾听同学发言。 |
| | | **敢于提问** 1. 敢于质疑。<br>2. 不懂就问。 |
| | | **认真书写** 1. 书写姿势正确——头正、肩平、背直、臂开、足平。<br>2. 书写态度专心、认真。 |
| | | **善于思考** 1. 积极动脑思考问题。<br>2. 积极举手回答问题。<br>3. 敢于表达自己的想法。 |
| | 家庭 | **独立认真完成作业** 1. 按要求、按时、认真、独立地完成作业。<br>2. 认真检查，发现并改正错误。<br>3. 认真审题，明白题目的意思再做题。 |
| | | **善于思考** 1. 对周围的事物有好奇心，有求知欲。<br>2. 善于发现问题、思考问题、解决问题。 |
| | | **自主学习** 1. 能主动完成学习任务。<br>2. 按要求预习，带着问题进课堂。<br>3. 坚持复习当天学过的知识。<br>4. 能主动学习自己感兴趣的知识。<br>5. 多读书，读好书。 |

实操宝典

学会倾听

**策略一：说话时要看着对方的眼睛**

家长和孩子说话的时候，要让孩子看着自己的眼睛，用真诚的态度认真倾听，有眼神交流和适当的表情回应，并告诉孩子看着对方的眼睛听对方说话，是对对方的尊重。

建议家长选孩子空闲的时候进行交流和沟通。如果平时有话说，应提醒孩子看着你，如果孩子在做其他事情，要告诉他："妈妈有话跟你说，请先放下你手中的事情好吗？"

### 策略二：调整与孩子的说话方式

家长像朋友一样与孩子平等地交流和对话，孩子才能学会认真倾听你说话。

例如：不要说"我刚说完你就没记住，你听没听我说话？"而要说"刚才是我没说清楚吗，要不要我再重复一遍，你再认真地听一次？"

### 策略三：多倾听孩子的心声

平时经常听到有家长说："老师，孩子回来从来不说在学校发生了什么事，我说他他也不听我的，我都不知道该怎么办好了！"实际上，平时孩子说话得不到家长的重视，久而久之，孩子就把自己的想法藏起来了，不愿意说给家长听了，逐渐减少与家长的沟通。所以，家长每天回到家应至少抽出5～10分钟来倾听孩子的心声，了解孩子在学校发生的事。有进步时表扬他，有不足时鼓励他，有困难时帮帮他，协助他找到解决困难的方法，让孩子感受到你对他的重视和赏识。这样不仅能赢得孩子的信任，更能培养孩子与人交往、认真倾听的好习惯。

### 策略四：训练孩子学会倾听

1. 听指令做相应动作。刚上学的孩子基本能达到同时听懂2～3个指令，并完成相应任务。如果不能，就需要家长进行训练。如："孩子，晚饭后，请你对照课程表，把明天需要的学习用具收进书包！"孩子需要明白这个任务是：（1）晚饭后完成；（2）要对照课程表完成；（3）把第二天需要的学习用具放进书包。

经常这样训练，不但能训练孩子的倾听能力，还能提高孩子的语言理解能力。

2. 听故事回答问题。晚饭后，可以进行亲子阅读，让孩子听完故事或读完故事后，结合故事回答问题，既可以训练孩子的记忆力，又提高了倾听力。

写字姿势

错误的执笔方法会影响写字姿势，而错误的写字姿势又会影响学生的视力和健康。所以，刚入学的孩子，只要一提笔练字，家长

就应该及时指导，严格要求，直至形成正确的书写习惯为止。

## 一、正确的写字姿势

### 书写姿势

上身坐正，两肩齐平；头正，稍向前倾；背直，胸挺起，胸口离桌沿一拳左右；左右两臂平放在桌面上，左手按纸，右手执笔；两脚平放在地上与肩同宽。眼睛与纸面的距离应保持在一尺左右。

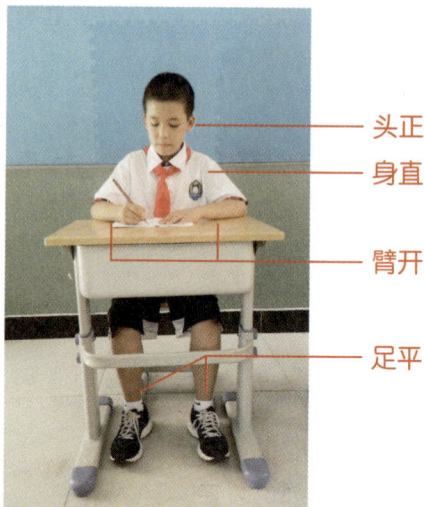

头正
身直
臂开
足平

正确的写字姿势不仅能保证书写自如，减轻疲劳，提高书写水平，而且还能促进少年儿童身体的正常发育，预防近视、斜视、脊椎弯曲等多种疾病的发生。因此，必须引起重视。

## 二、正确的执笔方法

执笔方法正确与否，关系到对笔的控制能力，运笔的灵活性，书写的速度，直接影响书写的效果。良好的执笔方法必须从小培养，否则，一旦形成习惯，纠正起来很难。

执笔时，手掌与手臂呈一条直线。具体要求是：右手执笔，大拇指、食指、中指分别从三个方向捏住离笔尖3厘米左右的笔杆下端。一定要"食指稍前，大拇指稍后"，因为写字主要的力是下压力，这只有食指来完成；中指在内侧抵住笔杆，无名指和小指依次自然地放在中指的下方并向手心弯曲，不要接触到掌壁，掌心要空。笔杆上端斜靠在食指的最高骨处，笔杆和纸面呈50度左右。执笔要做到"指实掌虚"，就是手指握笔要实，掌心要空，这样书写起来才能灵活。

**善于思考**

**策略一：善于对孩子发问，并引导孩子独立思考，自己来处理问题**

发现问题、提出问题、思考问题、解决问题的能力是孩子在学习和交往中所必需的重要能力。

许多孩子在遇到学习或交往等方面的困难时，总希望家长能帮他解决，而很多家长也总害怕孩子吃亏，就替孩子包办了。这样虽然解决了孩子当时的问题，但从长远来看，孩子会更加依赖家长，遇到问题时不能自己独立思考寻找答案，这对孩子的各方面发展都没有好处。

因此，家长在面对孩子的问题时，应当与孩子一起讨论，启发孩子去思考分析问题的原因，运用自己的知识和经验，协助孩子自己去寻找答案。孩子在寻找答案的过程中，思维能力和解决问题的能力就会得到锻炼。

要想提高孩子的思维能力，就要多向孩子发问，或引导孩子自己提出问题。

训练时注意，让孩子在回答问题时多举例子，多比较两件事物的异同，多思考并想象可能出现的情况，教孩子把不同的东西组合，并思考组合在一起会如何，推断各种可能性。

**策略二：鼓励孩子发表自己的意见**

在以往的教育教学中，不难发现在民主、平等、和谐的家庭氛围中成长的孩子，敢于发表自己的意见，思维比较活跃，分析和解决问题的能力也较强。而在家长专制的家庭气氛中成长的孩子，则会唯唯诺诺，自信心不足，容易拿不定主意，很纠结，做不出恰当的选择，这就影响了其独立思考能力的发展。

因此，家长应鼓励孩子敢于发表自己的想法，在孩子发表见解时，哪怕是错误的，也应让他说完，然后家长再给予适当的指导。对于孩子的正确意见，父母应及时肯定、表扬，培养孩子的自信。

### 策略三：培养孩子的探索精神

孩子都有一颗强烈的好奇心，喜欢打破砂锅问到底，每当见到一个新事物，总会不自觉地摸一摸、拆一拆、玩一玩。这都是孩子喜欢探索未知的表现，家长要注意保护孩子的求知欲，鼓励孩子的探索精神，启发他们打破常规，多角度地观察和思考，培养孩子的发散思维或求异思维。不要因为自己的面子或反感，去呵斥或阻止孩子，这会挫伤孩子主动思考和学习的积极性。

自主学习

**策略一：陪伴左右，逐步放手**

在家庭中，孩子是学习的主人，家长是孩子学习中的伙伴、生活中的知心朋友，陪伴在左右。孩子进入小学以后，每晚一家人聚在一起看书学习，探讨作业中的疑问，交流读书的收获，分享学习上成功的快乐。这样，孩子就会逐步树立起"我是学习的主人"的观念，从而提高自主学习的兴趣和能力。

**策略二：注重训练方法，养成自主学习的习惯**

有很多家长反映，孩子调皮，爱做小动作，开小差，回家不愿意主动预习、复习，不能独立按时地完成作业。小学阶段刚入学的孩子由于年龄较小，自我约束和控制能力较差，往往会受外界因素干扰导致注意力不集中。他们的注意力的持续时间在15分钟左右，家长要遵循儿童的年龄特点和教育规律，培养自主学习的习惯。

1. 注意力的培养

一是给孩子创设一个安静的学习环境，科学合理地帮助孩子安排作息时间，注意劳逸结合。二是要引导孩子脑、眼、口、手等多种感官参与学习，同时投入学习。三是坚持运用"舒尔特量表"进行注意力训练，帮助孩子提高学习效率。（详见附录二）

2. 养成按要求预习和复习的习惯

（1）坚持每天预习新课是养成自主学习的前提。建议家长帮助孩子每天按照老师的要求进行预习，预习时鼓励孩子提出自己不明白的问题，逐步养成在课本上做记号、第二天带着疑问去上课的习惯，这样学习会更加有效率。

（2）坚持复习当天所学的内容是学习的保障。建议家长给孩子建立一个错题本。每天把错题或错的字词记录在错题本上。这样在检测时，就可以有重点、有针对性地进行相应的练习，可以起到事半功倍的效果。

3.培养孩子独立完成家庭作业及认真检查的习惯

（1）在规定的时间内集中精力完成预习和复习，并完成当天的家庭作业。

（2）孩子在做作业时，不求数量，但求质量。

（3）刚入学的孩子做完作业后，教会其检查的方法，要用右手食指指着一个字一个字，一个题一个题地认真检查。做到手、眼、脑一致。从而养成细心检查作业的习惯，同时增强他们的责任心——我的作业我负责。

**策略三：在实践中体验自主学习的乐趣**

让学生在丰富的实践活动中，学会发现问题、分析问题、解决问题，把知识融会贯通。

1.积极参与家务劳动

每天进行家务劳动，至少承担一项家务活。作为家庭中的一员，孩子在家务劳动中，能够感知家长一边工作，一边做家务的辛苦，从而获得为家人服务的责任感和奉献的乐趣。

2.争做"小老师"

在孩子学习的过程中，家长可以"示弱"，让孩子充当"小老师",自动地将知识内化为能力。这样,不仅巩固了孩子的学习,而且更有助于他们养成自主学习的习惯,同时还与家长或他人在平等中达到了相互学习和沟通的目的,以此来促进孩子健康成长。

## 二、提高性学习培养目标及养成策略

### 目标引航

| 学习能力 | | 具体内容和行为要求 |
|---|---|---|
| 学校 | 与人合作 | 1. 能与同学合作完成学习任务。<br>2. 在合作中懂得分工合作。<br>3. 能听取别人的意见和观点,尊重别人。 |
| | 动手操作 | 能积极参加学校的各项活动。 |
| 家庭 | 搜集资料 | 1. 能在家长的帮助下,上网或者查阅书籍,收集到需要的资料。<br>2. 能正确使用工具书,如字典、词典。 |
| | 动手操作 | 能把自己的想法付诸实践。 |

## 学会合作

### 策略一：提供合作机会

1. 家长与孩子之间的合作

　　家长可以与孩子开展多种亲子活动，如：手工制作，整理房间等。春天是种植的好时节，家长可以与孩子一起了解各种植物种植的过程，孩子与家长共同协作，将种子进行分类，记录每一种种子的名称、生长时间以及成长过程，也可以用图画的形式进行记录表达。这样，既增进了亲子关系，又让孩子学会了与家长进行分工合作。

　　2. 孩子与孩子之间的合作

　　比如在种植活动中，可以几个孩子一起共同记录天气情况，并分别统计晴天、阴天和雨天的天数。也可以让孩子们共同装扮春意盎然的房间。这样，孩子在活动时需要几人合作，共同配合来完成一项任务，把每个人的想法和意见都融合进去，这就为孩子提供了锻炼合作能力的机会。

策略二：创设问题，体验合作成功的愉快

在合作活动中，孩子遇到分歧时，大多不是告状就是吵闹、争执，最后由家长或老师帮助孩子解决他们之间的矛盾，孩子过分地依赖家长。要让孩子在与人合作的活动中，不断与人商量讨论，体验到与人合作中解决问题带来的快乐，才能真正提高合作的能力。

1. 要让孩子知道合作不是争抢，也不是一味地忍让，而是要学会与人商量，进行合理的分工。

2. 发现不合作的行为，不要主观地制止孩子们，而是要组织孩子们讨论怎样才能顺利完成任务。

3. 孩子之间的合作活动成功，会增进友谊。家长需看到孩子能与同伴一同友好、配合地玩耍，或协商询问，或分享互助，同时应注意引导孩子感受合作的成果，体验合作的愉快，体会到合作的快乐与必要。

## 动手操作能力

　　事实上，孩子十分喜欢独立完成任务，他们会为此感到自豪。让孩子早动手，多动手，这不仅能提高他们的学习兴趣，还能培养他们良好的学习和生活习惯，养成积极主动、认真细致、不怕困难的个性。

　　**策略一：满足孩子为他人服务的需求**

　　要让刚入学的孩子体验到自己动手的甜头，要及时教孩子穿脱衣服、系解鞋带、洗袜子、系红领巾等，让他尽早自理。还可以让他帮爸爸、妈妈拿鞋，摆碗筷，擦桌子等，做一些力所能及的事情。随着孩子年龄的增长，还可以让孩子学扫地、拖地、倒垃圾等，让孩子体会到自己的价值。

### 策略二：鼓励孩子动手操作

1. 为孩子准备一些废旧材料，如各种形状或颜色的包装盒、旧报纸、旧衣服、旧乒乓球等。再准备一些胶棒、剪刀、彩笔等。鼓励他们进行废旧物品改造，也可以进行亲子创造。

2. 在家中为孩子安排一个手工角落，鼓励孩子自己动手进行各种创意制作。

3. 只要孩子认真做事，并愿意尝试，家长就给予肯定和鼓励。家长的积极支持对孩子动手能力的培养非常重要。

## 第二节　行为适应指导

**导读**

　　孩子刚进入小学阶段，家长容易走入误区，把注意力聚焦于孩子的学习成绩，从而忽略其他生活和行为上的习惯培养。小学阶段是培养孩子良好生活习惯的重要阶段。从小养成良好的生活习惯，对孩子的身心健康有重要的促进作用。养成良好的生活习惯，可以帮助孩子学会与人和睦相处，更容易结交朋友、更受欢迎。保持正面向上的愉悦心情，远离负面情绪，促进心理健康成长才是最重要的。

　　在诸多好习惯的培养中，孩子的自理能力培养是最重要的，进入小学，需要培养哪些自理能力呢？

目标引航

| 入学新生自理能力养成目标 | |
| --- | --- |
| 种类 | 具体目标 |
| 作息规律 | 保证10小时睡眠时间。 |
| 遵守秩序 | 学会：按时上学、站队、排队。 |
| 讲文明、懂礼貌 | 学会：礼让右行、轻声慢步、见到老师主动问好等。 |
| 家庭自理习惯 | 学会：梳头、洗脸、洗脚、洗澡、穿衣服、系红领巾、剪指甲、整理书包、削铅笔、铺床单、叠被子、折衣物、系鞋带等。 |
| 在校自理习惯 | 学会：打扫周边卫生、扶正桌椅、课间接水、上厕所、整理学习用品等。 |

**实操宝典**

## 培养孩子合理安排作息时间

### 策略一：合理规定并严格执行睡眠时间

一般来说，一年级小学生至少需要10小时睡眠，才能消除一天紧张学习活动后的疲劳。家长要帮助孩子晚上按时（8：30～9：00）入睡，早晨按时（6：30～7：00）起床，从一入学就应该给孩子养成按时睡觉的好习惯。

### 策略二：必须限制孩子看电视、玩电子游戏的时间

随着时代的发展，很多孩子都是在电脑、电视的陪伴下长大

的。但是据调查，长时间看电视的孩子，与人交谈的能力，独立思考的能力，反应能力等都会受到限制。进入小学生活，建议家长限制孩子看电视、玩电脑的时间，而且规定必须在完成学习任务之后才能玩。节目内容也应该引起家长注意，家长可以与孩子针对节目内容充分交换意见。

## 培养孩子讲卫生的习惯

卫生习惯包括个人卫生习惯及公共卫生习惯。个人卫生习惯的培养包括会梳头、洗脸、洗脚、洗澡、剪指甲等，这些事情可以先在家长的帮助下完成，最后循序渐进地养成个人独立完成的好习惯。公共卫生习惯一般指孩子在学校或公众场合应该养成的卫生习惯，可以让孩子从最简单的事情做起，如不乱扔垃圾，将上课用的废纸用一个塑料袋装起来，下课后倒入垃圾桶。还可以为孩子准备一块抹布和一小包纸巾，分别用两个塑料袋装起来，抹布用来擦桌椅，纸巾用来擦鼻涕、上厕所等。或者与家长一起动手制作可爱的袖珍垃圾桶，挂在课桌的挂钩上。让他们体会到要创造一个清洁、卫生的环境是不容易的，要保持这种环境，珍惜自己的劳动成果，就必须讲卫生，养成讲卫生的好习惯。

## 培养孩子整理书包和文具的习惯

　　上学后，有些孩子会经常丢三落四，忘记带作业本等学习用品。有些家长会认为是孩子的记性不好造成的，其实不然，这种现象的发生是由于孩子从一入学就没有养成良好的自理的习惯，而培养孩子整理书包文具的习惯正是对孩子责任感的培养。家长可以教给孩子每天按照课程表自己整理书包、收拾文具。前一天晚上睡觉前先要把第二天要用的书本装好，铅笔削好，作业放好，切勿到第二天早上上学前再收拾。书包的整理也要有条理，家长与孩子可以达成共识，每一样文具在书包里都要有固定的位置，比如铅笔盒放在书包的最外层，课本放在最里层等，只有把这些物品固定在某一个位置，孩子才会做到井井有条地整理书包，切勿让孩子一股脑地把物品随便塞进书包。在学校放学前也要学会整理自己的物品，将它们有条理地放进书包带回家。孩子自己整理书包和文具盒，开始可能会出现慌乱的情况，作为家长一定要允许孩子出现错误，出现错误后家长可以给孩子做示范，手把手地教会他如何整理书包，再让他重复练习。另外，孩子的学习用品最好以简单实用为宜，不要追求新潮或过于异样的用品，如小汽车形的铅笔盒、汉堡包形的橡皮等，这样的学习用品会让孩子有当玩具玩的兴趣，导致他在课堂上容易走神，是不可取的。

## 第三节　亲子阅读——请你跟我这样做

讲卫生

**小小手掌真听话**

小小手掌真听话，读写做事全靠它。

校园杂物捡干净，墙壁脏了擦一擦。

果皮纸屑不乱扔，文明卫生不乱画。

学习用品摆整齐，小小巧手人人夸。

慢步轻声

**慢步轻声**

小小脚丫真听话，时时刻刻想着它，

走进校园静悄悄，走廊教室轻轻走，

上下楼梯不跑跳，可敬可爱的"小脚丫"。

## 课间常规

### 下课了

文明休息不喊叫，上下楼梯往右靠。

教学楼内不奔跑，互助友爱不争吵。

下课铃声响起来，两件事情要记牢。

一要做好课前事，二要立即上厕所。

时间足够不用跑，游戏玩耍不走远。

团结友爱守秩序，课间安全记于心。

铃声一响进教室，课本铅笔放得好。

静等老师来上课，比比哪个坐得好。

## 自理能力儿歌

**洗刷刷**

要防牙儿黄又黑，

起床都应洗刷刷。

向上刷，向下刷，

不可放任胡乱刷，

光洁美白人人夸。

**系鞋带**

两个好朋友，见面握握手。

做成兔耳朵，钻进大洞口。

用力拉耳朵，变成蝴蝶走。

**整理书包**

小书包，真神气，

装了书本装文具。

小朋友，要牢记，

收拾整齐有秩序。

# 第三章　家校互动篇

## 第一节　家校互动答疑

浩浩妈：老师好！孩子每天早上总是不起床，三番五次地催促才起，请问怎么办？

魏老师：我们做家长的都会发现这样一种现象：大人越是不断焦急地提醒他要迟到时，孩子反而更磨蹭了。其实孩子不是不担心迟到，而是因为他的注意力被你转移了，因为此时"迟到"反而不是最重要的事情，你妄图"控制"他，他对"自由"的争取才是最重要的，于是，你越催，他越慢，因为他要"抗争"。

浩浩妈：魏老师，那您说面对这样的孩子，我们做家长的应该怎么处理呢？

其实当妈妈焦虑的时候，就会不断去催促孩子，这个不假思索的行动往往帮倒忙，结果是越催越慢，越慢越催。我们可以告诉孩子如果还不起床，上学要迟到了，我们可以默默在一旁陪着他磨蹭时间，让他自己去承担迟到的后果，要让孩子明白，上学是自己的责任，自己要为自己负责。大家可以试一试。

**魏老师**

老师好！我们邻居的孩子上二年级了，可能有些调皮，回到家总说学校里老师对他不好，同学们也不愿意跟他玩，吓得我女儿觉得学校是个很可怕的地方，这让我也开始担心，孩子在学校遇到一位不喜欢的老师或者同学该怎么处理啊？

**花花妈**

花花妈，您好。对于很多孩子来说，学校是一个美好而值得向往的地方，这是大多数孩子的想法。像您说的您这位邻居的孩子出现的问题，其实更多是家长出现了问题，好与不好，其实就是一种感受，如果我们接受了某样事物，即便再困难，也觉得是一种体验，是美好的。所以，我们作为家长要想办法让孩子去接受新环境、新老师和新同学。首先要想办法做老师和孩子之间的粘合剂，孩子对老师越信任，教育的效果就越好。一定不要在孩子面前诋毁任何一位老师，遇到问题多与老师沟通，只要老师的目的是出于爱孩子，对孩子的成长有益，我们就应该支持；其次，当孩子与小伙伴之间发生矛盾时，一定要让孩子先从自身找原因，让孩子做主动友善的一方，而不是去斤斤计较，这样我们的孩子才会快乐。

**李老师**

花花妈
谢谢李老师！我们一定会想办法去做老师和孩子的粘合剂。仔细想一想，孩子一天在学校和老师在一起的时间甚至比跟我们在一起的时间都长呢！

是啊！时间长了，每一个孩子都像我们自己的孩子一样呢！希望你们能信任我们做老师的，我们所做的一切都是希望孩子们能健康快乐地成长！
李老师

贝贝妈
王老师您好，听说上了一年级都没有作业，那么，孩子回家就不用父母管了是吗？

贝贝妈，您好。学校规定，一、二年级不留书面作业。但是，为了让孩子们养成良好的学习习惯，每天回家，老师会布置一些读课外书、练字等习惯培养的任务，目的是为了让孩子们养成良好的学习习惯，如读书习惯、写字习惯等。一年级孩子的自理能力较弱，自我控制能力也较弱，所以这时候的孩子是最需要家长的监督和帮助的，家长可以在一旁陪伴孩子，引导孩子一起认字、读书。
王老师

贝贝妈

谢谢王老师！但是我看到经常有人说应该培养孩子独立自主学习的能力，家长最好不要过多地参与孩子的学习，那么作为家长是管还是不管呢？

王老师

首先我们要清楚在孩子写作业时，父母的角色应该是陪伴者，而不是监督者。陪孩子写作业的目的是为了给孩子力量感和支持感，而不是让孩子觉得总有一双眼睛盯着他。孩子在成长的过程中，父母要"抓大放小"。抓住大方向，小事情上允许孩子犯错。我们的陪伴是为了今后的"不陪伴"，最后完全放手让孩子自学，当孩子养成了一定的学习习惯和自学能力后，估计我们家长就是想辅导孩子，孩子也不会愿意了。

## 第二节　一年级班主任致新生家长的一封信

亲爱的家长朋友：

您好！您的孩子刚刚进入一年级，他对学校生活充满了美好的向往。但是，小学的环境、学习、生活等与幼儿园时大不一样，孩子的情绪会发生非常大的波动。针对近期家长朋友普遍关心的几个问题，我们为您详细解答如下。

### 问题一：怎样让孩子尽快喜欢上学呢？

1. 每天放学"问孩子"，引导孩子感受上学的美好。例如：今天在学校里又认识了哪个小朋友？他有哪些优点？自由活动的时候，你跟小朋友玩什么好玩的游戏了？给妈妈讲一个你今天觉得特别好玩的事儿或者是特别开心的事情吧！今天在学校里，都有什么收获呀？今天，你又有什么新的发现呀？……通过交流，让孩子头脑中总是带着对上学的美好向往，孩子自然喜爱上学。

2. 有意识地增进孩子与同学之间的友谊。每次放学接孩子的时候，可以有意识地让自己的孩子和刚认识的新同学玩耍一会儿。为孩子挑选小饭桌的时候，也要挑选孩子班里人数比较集中的小饭桌。有了好玩伴，还害怕孩子不愿意上学？

3. 在孩子面前，多夸一夸老师，让孩子也看到老师的这些优点，从内心崇敬老师，喜欢老师。

4. 多与老师联系，及时了解孩子的情况，及时正面引导孩子，激发孩子的上进心和自信心。如"老师夸你非常有礼貌，见到老师就问好。""老师夸你站姿挺拔，像小松树一样笔直。"……

5. 善于发现孩子的点滴进步，及时表扬鼓励，让孩子感觉到自己是一名小学生了，自己已经长大了，自己很能干。如"你起床、穿衣服动作真快，和上幼儿园的时候真的不一样了！""书包里的文具是你整理的？真整齐！""课堂上新学的字你都认识了，真棒！"……

6. 让孩子一入学就知道：上学是一种责任。每一个人都要上学，就像大人一定要上班一样，这是每个人的责任，都要努力做好。

问题二：孩子被老师批评怎么办？

要抓住教育的契机，配合学校及时引导孩子不断进步。

首先，静下心来倾听孩子的诉说。面对孩子的错误，家长态度要平和。通过交流，让孩子认识到自己的错误，从而懂得：人人都会犯错误，经别人指出，可以帮助自己改正；如果没有人批评并指出自己的错误，那错误就可能一直存在下去，最终受害的还是自己。对于老师的批评，要让孩子存有感激之情，而不是对老师产生厌烦情绪。

家长可以有针对性地挑选故事讲给孩子听，或讲一讲父母小时候被老师批评的小故事，通过故事的形式让孩子懂得：世界上没有十全十美、从不犯错的人，但不要因一时受到批评而对自己失去信心，要及时改正，争取更大的进步，使自己变得更好。

如果孩子并没有做错什么，可能是由于老师误会让孩子遭到批评，千万不要在孩子面前说老师的坏话，这样会加深孩子和老师之间的矛盾。首先化解孩子的不良情绪；然后告诉孩子，被别人误解是生活中常见的，一定要大胆地、心平气和地把事情原委向老师讲清楚。

问题三：孩子回家告状，家长如何引导。

如果孩子情绪低落，或是哭着找你告状，说明他确实有解不开的疙瘩需要你的帮助。这时，你要及时安抚，待孩子情绪平复后，耐心询问，搞清楚事情原委。事出都有因，鼓励孩子分析自己有没有不对的地方，以后再遇到这样的事情该怎么做。要及时正面引导孩子，敢于承认自己的错误，主动改正；如果对他人有意见，可以大声地给对方提出劝告，对方不听要大胆地求助于老师。如果孩子反映的情况比较严重，家人不能只听孩子的一面之词，应及时与老师沟通。

希望我们的建议能对您教育孩子有所帮助，也希望通过老师与您的合作使孩子尽快适应小学生活，健康快乐成长！

您的朋友

一年级老师

## 第三节　家庭教育故事分享

### 如何培养一年级小学生的好习惯

宋秉睿妈妈

　　成为一名一年级新生，是孩子学生时代的一个重要转折点。如何培养孩子在学习、生活、阅读上的良好习惯，对孩子的将来具有深远的意义。教育家叶圣陶曾经说过，"教育就是培养习惯。"好习惯将让孩子受益终生。对于只有6，7岁的孩子来说，仅靠说教、

讲道理，有时达不到家长所要的效果。针对自己孩子的特点，"寓教于乐"，让孩子在快乐中学习，在快乐中培养孩子的各种习惯，对家长和孩子都是有益和有效的。经过一个学期的探索尝试，我们努力做好以下几方面：

一、培养孩子良好的课堂习惯

针对孩子上课是否能认真听讲，是否能积极举手回答问题，我与孩子一同制作了一张课堂表现记录表。孩子在每节课间自己为自己打分。约定如果能在课堂上认真听讲、积极回答问题，每天可以得到他最想要的奖励（半个小时自由支配的时间，可以看电视，也可以绘画、制作、游戏等）。遵守这份"约定"，让孩子自愿接受这个"约束"，并与老师进行有效沟通，及时了解孩子的上课情况，根据老师提供的信息，再随时调整。积极与孩子一同逐步培养良好的课堂习惯。

二、培养孩子良好的学习习惯

根据自己孩子的个体差异，制订明确而适当的学习目标。我一直尝试为孩子制订一种有效的学习方式。

首先，合理安排孩子的课外时间。为孩子适当安排自主玩乐的时间（包括运动）、弹钢琴的时间、阅读时间、学习时间、交流时间，时间安排相对固定，并注重劳逸结合，适时调整。

其次，针对自己孩子学东西较慢的情况，帮孩子巩固当天课堂上学习的内容，不断强化加深；提前预习第二天学习内容，大体了解相关知识。复习、预习中，与孩子一同探讨学习理解的方法技巧。逐步培养孩子良好的学习习惯。

三、培养孩子良好的阅读习惯

为激发孩子的阅读兴趣，我们为孩子准备了各种不同类型的儿童读物，尊重孩子个人的阅读爱好，让孩子自主选择阅读内容。我们全家参与到孩子的阅读当中，倾听孩子讲述阅读内容，扮演文中角色，适当提问，及时鼓励，并让孩子自己对故事中的好词好句加以标示，不断增加孩子词汇量，让孩子逐步理解阅读内容。阅读时不对孩子施压，积极引导，适时鼓励，让孩子感受到阅读的乐趣，逐步养成爱读书的习惯。

四、注重培养孩子良好的心理素质

我们特别注意对孩子心理素质的培养，利用各种场景，向孩子宣导：学习、做事都不一定是最棒的，但自己要努力，要勤奋，努力勤奋的孩子，就是最棒的。向孩子讲"笨鸟先飞""勤能补拙"等励志故事或成语，在生活中，特别注意对孩子努力过程的鼓励，逐步增强孩子的自信心，让孩子在努力中有成就感、满足感，激发孩子自我努力的精神和毅力，增强孩子的承受力，不断培养孩子自强自立、自尊自爱、沉着平静、坚韧自信的心理素质。

五、培养孩子的生活社交能力

根据自己孩子体质弱、理解力慢的情况，我们在日常生活中，积极让孩子为自己、帮父母、为家里做事情，一点一滴地提高孩子的生活自理能力。注重孩子对规则意识的培养，有礼貌，有爱心。因势利导，积极培养孩子的兴趣爱好，有自己的生活，有自己的爱好，有自己的快乐，做一个充实快乐的孩子，充实快乐地成长。

"谁言寸草心，报得三春晖"，我们的孩子自去年进入小学以来，学校的领导、班主任魏老师、各位任课老师都给予了无微不至、耐心细致的培养教育，孩子在非常好的氛围中快乐地学习成长，不断提高，我们作为孩子的家长心中充满对学校领导和老师的感激之情，我们将继续与学校老师沟通好，配合好，不断促进孩子良好习惯的形成，将孩子培养成人、成才。

## 小学生好习惯如何养成

袁枝含妈妈

对于小学生来说，习惯主要包括两个方面：学习习惯和行为习惯。学习习惯包括：学会听课、善于思考、敢于提问、自主学习、认真书写等。行为习惯主要指举止文明、尊重他人、诚实守信、懂得感恩、勤俭节约、遵守秩序、讲

究卫生、锻炼身体、爱护公物、珍爱生命等。其中学习习惯的养成需要许多细小行为的培养，需要从孩子生活学习中的点点滴滴做起，比如，好的倾听习惯，要求孩子不仅上课时需要专心听老师的讲解，不能东张西望，不能做其他的一些分散注意力的小动作，而且还要学会认真倾听其他同学的发言，留意他人发言的内容，并及时作出自己的判断，必要时可以举手进行纠正和补充。

如何养成好的学习习惯就要做到以下几点：

1. 做好课前准备工作。有一句话叫做"成功总是为有准备的人而准备"，让孩子学会事前准备，养成做事有准备的习惯，从课前准备工作开始培养，比如告诉他在课间休息时对照课表把下节课的课本等用具放在桌角上。

2. 正确的写字姿势。一年级新生年龄一般在6，7岁，他们手部肌肉才开始发育，正确握笔写字对他们来说比较费劲，而孩子学习写字的过程正是手部肌肉发育的过程，因此要掌握正确的握笔方法和写字姿势，同时要注意保护好眼睛。

3. 独立完成作业，先写作业后玩耍。帮助孩子养成先完成作业后玩耍的好习惯，每天检查孩子的作业是否认真完成，读、写、算、背是否过关。孩子从幼儿园过渡到小学，还不适应写作业，刚开始可以由家长陪同写作业，慢慢过渡到孩子自己独立完成作业，注意一定不要让孩子边看电视（或边玩儿）边做作业。

4. 养成每天阅读的好习惯。鼓励孩子多听广播、看新闻、看课外书。家长要为孩子准备适龄的课外书，例如一、二年级学生看注音读物，等再大点看非注音图书，不认识的字通过查字典解决。每天规定半小时到一小时的读书时间，让孩子多看书有助于阅读理解与写作能力的提高。

5. 注重与孩子的交流。每天抽出10到15分钟与孩子聊天，和孩子一起看书、讲故事，既能提高孩子的识字能力、朗读能力，也能开阔视野，锻炼孩子的口语表达能力，通过交流，还能增近亲子感情与亲密度。

6. 培养孩子的时间观念。可以给孩子准备一个闹钟，让孩子养成按时起床、按时上学、按时睡觉等好习惯。

7. 养成自己收拾书包、自己背书包上学的习惯。这一点非常重要，它能锻炼孩子的自理能力，增加自信心。自己背书包上学是孩子的权利，也是孩子的义务，同时也告诉孩子自己的事情自己做，学习是他自己的事情，别人无法代劳。

行为习惯方面的几点注意事项：

1. 养成良好的坐姿。一个人的坐姿显示出这个人的精神状态和个人修养。良好的坐姿对身体有益处，对眼睛有好处，让孩子坐时后背挺直，两脚平放在地上，"眼离书本一尺，手离笔尖一寸，胸离课桌一拳"。

2. 养成有礼貌的习惯。对孩子礼貌的培养要从小开始，要学会尊重别人，对人有礼貌，主动向长辈、老师问好，遇到同学主动打招呼，学会说"请""谢谢""对不起"等礼貌用语。

3. 养成讲卫生的习惯。不光是个人卫生，还包括家庭卫生，主动帮家长做家务；公共卫生，不乱扔垃圾，不在公共场所乱涂乱画，保护环境等。

4. 养成勤劳的习惯。在家主动做家务，在学校积极参加集体劳动，例如：扫地、擦桌子、擦黑板、洗碗筷、洗菜、洗袜子等力所能及的劳动。

人的成长没有捷径，任何习惯、行为和技能都来源于不断的摸索和练习，家长一定不能操之过急，良好习惯的养成是一个细工慢活，家长一定要用自己的耐心、爱心和恒心，不断总结方式方法，不断促进孩子良好习惯的养成。

## 好习惯　早养成

赵德洋妈妈

叶圣陶老人家说，"什么是教育，简单一句话，就是要养成良好的习惯"。

播下一个行动，收获一种习惯；播下一种习惯，收获一种性格；播下一种性格，收获一种命运。习惯是人生的主宰，人们应该努力追求好的习惯。习惯不是一时的心血来潮，也不是几天几月的短期行为，它一旦形成，就有旺盛的生命力和持久性，常常会与你相伴一生。

对于绝大多数同学来说，学习成绩的好坏，虽然与智力因素有关，但与非智力因素的关系更加密切。而在信心、意志、习惯、兴趣、性格等主要非智力因素中，习惯又占有重要地位。

达尔文说过："我的生活过得像钟表上的机器那样有规律，当我的生命告终时，我就会停在某一处不动了。"这里所说的规律就是指"良好的习惯"，当然也包括良好的学习习惯。

当孩子步入学校的大门，标志着他们又迈入了人生的又一个新的重要阶段。父母作为孩子的第一任老师，同时也承担着重要的家庭教育的任务和责任。通过与老师的交流及对孩子上学后一系列的表现，总结出以下好习惯养成的心得体会，希望这些习惯可以让孩子们终生受益。

一、阅读的习惯

孩子没有上学之前，一直听朋友们讲，要让孩子多识字。3～6岁之间，就经常让他看书，但是那时他并不认字，家长就陪伴阅读。慢慢地，我们惊喜地发现，路边广告牌的字，他认得越来越多。我们后来不读了，孩子就自己认那些还不熟练的字。上学后，阅读非常自然地成了他喜欢的事情，内容是以儿童文学为主的书籍，平均2～3天读一本书，已经不需要读注音版了。在阅读的时候，无论大人还是孩子都能集中注意力，提高写作能力，提高记忆力，扩充词汇，增长知识，锻炼脑力等。我发现学习了成语、谚语后，孩子使用这些词的能力有很大的提升。阅读还能帮助孩子提高数学方面的逻辑思维能力，阅读习惯是小学生的首要好习惯。

二、书写的习惯

郭沫若老先生认为，培养中小学生写好字，不一定要人人都成为书法家，总要把字写得合乎规格，比较端正、干净、容易认。养成这样的习惯能够使人细心，容易集中注意力。

随着信息时代的进步，电脑已取代大多数人的书写，手机已取代大多数人的信函，孩子们的书写更是容易被家长们忽视。进入小学以来，要求孩子多拿笔，从书写正确、字迹工整、作业整洁几处入手。记得上学期刚刚开始写汉字时，孩子的字写得非常大，基本笔画非常拙，写字特别用力，且书写很慢。老师不止一次与家长沟通，要求孩子多练字。为此，我们不断鼓励孩子，用心观察书中规范字，做到课上课下多练多写。从笔顺、占格等方面提升。通过不断的练习，下学期的字不仅写得清秀了，而且作业本也干净了，着实有赏心悦目的感觉。同时还参加了"21天好习惯养成"活动，每天把孩子写字的视频保存到电脑里，连续坚持21天，大大提高孩子对练字的重视程度，进步非常大。同时，我们家长对学校组织开展的书法比赛非常认可，可以经常举办。让孩子从小知道，字如其人，写一手好字有助于培养气质，作为男生，更希望通过书写练习，让他们沉稳下来，把基本功练好。

三、提高记忆力的习惯

记忆力是构成小学生智力的重要因素。增强孩子的记忆力，同样也是养成良好学习习惯的重要内容之一。提高记忆力可以促进孩子的注意力、想象力和观察力的形成。平时，我会经常让孩子描述在学校里发生的最有趣的事物，来锻炼他的想象力。带他去旅游，孩子经常会将他对这座城市的理解和认知用绘画的方式表达出来，以此来锻炼他的观察力及记忆力，将来可以为孩子走上管理道路打好基础。

四、善于思考的习惯

孔子说"学而不思则罔"，思考的本质和目的是什么？是利用所知的资源去解决问题。我们常常在工作中的管理局面上发出一种感慨，下属们常常会有能"发现问题"但不善于"解决问题"的情况，不善于思考的弊端显现出来。所以我们应该从孩子小时候就着手培养他们善于思考的好习惯。其次，要善于发现，注重观察，注重细节，不要把思考当作压力，要从平时小事中培养，然后发展为乐趣。

五、制订计划的习惯

凡事预则立，不预则变。做什么事情，有了计划就容易取得好的结果，反之则不然。毫无计划的学习是散漫慵懒，松松垮垮的，很容易被外界的事情所影响。制订学习计划，可以促使孩子按照计划实行任务，排除困难和干扰。在学校，老师会按照自己的教学计划完成课堂授课。对于一年级的新生，为了使孩子更好地掌握学习要领，我每天会给孩子布置系统的作业：复习、预习、看书等。除了日常的学习，孩子还参加了国际象棋、街舞、机器人、书法等课外兴趣班，动静结合、文武结合，培养孩子良好的性格和计划性。假期及平时的周末，孩子会提前安排本周或假期的日程，如聚会、外出等活动。从小培养孩子制订计划、有预见的好习惯，不仅对学习有帮助，同时也为将来工作的统筹及时间管理方面带来益处。

六、按时完成作业的习惯

作业是对学过知识的总结，学生做作业的过程是对知识的巩固的过程。所以，完成作业是一个很重要的学习任务。孩子从小受我们的影响，总是把家长及老师交代的事情做完才去做其他事情。每天放学回家，总是完成作业之后再吃饭，这一点，孩子很让家长欣慰。而我们做家长的更要树立榜样，让孩子看到家长做任何事情都有目标。

### 七、上课认真听讲的习惯

上课认真听讲是搞好学习的第一步，是提高学习成绩的根本方法。课堂上要做到跟着老师的教学走，眼睛注意看，耳朵注意听，心和脑子跟着想，积极举手回答问题。除了认真听老师讲，还要倾听同学讲，学不会倾听就学不会学习。

### 八、适应老师教学风格的习惯

不同任课老师的教学风格自然不同。教育孩子很好地配合老师，遇到孩子反馈的问题，家长应予以重视。小学时期的孩子表现欲较强，最怕老师发现不了他，家长应与老师多沟通孩子的情况。经过半学期的学习，孩子们对各位老师的教学风格都能很好、很快地适应了。周围的环境是不断变化的，孩子必须不断调整自己的思想与行为才能适应这种变化。对于自己的成长、变化、挫折与失败也同样需要适应。适应能力是人类战胜自然、改造社会、改变自己的必备素质。

### 九、坚持的习惯

坚持往往是成功的代名词，如果想要成功，想要实现自己的梦想，甚至生活中点点滴滴的小事也需要我们的坚持。孩子从小接受不同机构的早教，我们无论天气如何，几乎没有缺课。即使孩子生病，只要能坚持去上课，我们基本不会请假。让孩子从小养成坚持的习惯，做任何事情都要坚持，无论成功与否，重要的是在过程中我们的坚持与努力，这比我们是否成功更加重要。

十、积极乐观的性格

从小教育孩子积极参加学校组织的各类活动。无论成绩和结果如何，过程很重要。积极乐观的心态需要长期不懈的学习，它就像一种熟练的技艺，手到自然心到，很快就会成为习惯。锻炼孩子去参加各类比赛，特别是竞技类比赛。去比赛的孩子和没去比赛的孩子，相差的不是一场比赛，而是一次蜕变。孩子站在赛场上的心情，面对评审时的感觉，获得成功时的喜悦和面对失败时的考验，这些经验是无法用金钱买到的。

孩子要养成的习惯其实还有很多，无法一一道来。随着年龄的增长，会有很多新的习惯养成，如感恩、自我反省等。有位教育家说："习惯仿佛是一条缆绳，我们每日为它缠上一股新索，不要多久就会变得牢不可破。"其实，习惯可以养成，也可以打破，它绝非一蹴而就，而是需要长期的培养，习惯左右成败，习惯改变人的一生。一句话，成也习惯，败也习惯。

我们对孩子的爱应从养成好习惯开始，愿我们能和孩子一起成长，共同进步。

# 第三部分
## 公约与准则

# 第一章　诚信公约

## 诚信公约

到学校，排队入，走整齐，守规矩；
同学间，和睦处，见老师，要行礼；
不打架，不骂人，文明语，会使用；
上下楼，靠右行，见纸屑，忙捡起；
课间时，不打闹，集会时，快静齐；
上自习，不说话，写字时，先正姿；
上课时，用品齐，不分神，听仔细；
记笔记，答问题，多动脑，勤举手；
做作业，写工整，按时完，页面净；
毁公物，要赔偿，好与坏，要分清；
好习惯，早养成，有教养，益终生。

# 第二章　小学生守则

1. 爱党爱国爱人民。了解党史国情，珍视国家荣誉，热爱祖国，热爱人民，热爱中国共产党。

2. 好学多问肯钻研。上课专心听讲，积极发表见解，乐于科学探索，养成阅读习惯。

3. 勤劳笃行乐奉献。自己事自己做，主动分担家务，参与劳动实践，热心志愿服务。

4. 明礼守法讲美德。遵守国法校纪，自觉礼让排队，保持公共卫生，爱护公共财物。

5. 孝亲尊师善待人。孝父母敬师长，爱集体助同学，虚心接受批评，学会合作共处。

6. 诚实守信有担当。保持言行一致，不说谎不作弊，借东西及时还，做到知错就改。

7. 自强自律健身心。坚持锻炼身体，乐观开朗向上，不吸烟不喝酒，文明绿色上网。

8. 珍爱生命保安全。红灯停绿灯行，防溺水不玩火，会自护懂求救，坚决远离毒品。

9. 勤俭节约护家园。不比吃喝穿戴，爱惜花草树木，节粮节水节电，低碳环保生活。

# 第三章　小学生日常行为规范

1. 尊敬国旗、国徽，会唱国歌。升降国旗、奏唱国歌时肃立、脱帽、行注目礼，少先队员行队礼。

2. 尊敬父母，关心父母身体健康，主动为家庭做力所能及的事。听从父母和长辈的教导，外出或回到家要主动打招呼。

3. 尊敬老师，见面行礼，主动问好，接受老师的教导，与老师交流。

4. 尊老爱幼，平等待人。同学之间友好相处，互相关心，互相帮助。不欺负弱小，不讥笑、戏弄他人。尊重残疾人，尊重他人的民族习惯。

5. 待人有礼貌，说话文明，讲普通话，会用礼貌用语。不骂人，不打架。到他人房间先敲门，经允许再进入，不随意翻动别人的物品，不打扰别人的工作、学习和休息。

6. 诚实守信，不说谎话，知错就改，不随意拿别人的东西，借东西及时归还，答应别人的事努力做到，做不到时表示歉意。考试不作弊。

7. 虚心学习别人的长处和优点，不嫉妒别人。遇到挫折和失败不灰心，不气馁，遇到困难努力克服。

8. 爱惜粮食和学习、生活用品。节约水电，不比吃穿，不乱花钱。

9. 衣着整洁，经常洗澡，勤剪指甲，勤洗头，早晚刷牙，饭前便后要洗手。自己能做的事自己做，衣物用品摆放整齐，学会收拾房间、洗衣服、洗餐具等家务劳动。

10. 按时上学，不迟到，不早退，不逃学，有病有事要请假，放学后按时回家。参加活动守时，不能参加事先请假。

11. 课前准备好学习用品，上课专心听讲，积极思考，大胆提问，回答问题时声音清楚，不随意打断他人发言。课间活动有秩序。

12. 课前预习，课后认真复习，按时完成作业，书写工整，卷面整洁。

13. 坚持锻炼身体，认真做广播体操和眼保健操，坐、立、行、读书、写字姿势正确。积极参加有益的文体活动。

14. 认真做值日，保持教室、校园整洁。保护环境，爱护花草树木、庄稼和有益动物。不随地吐痰，不乱扔果皮纸屑等废弃物。

15. 爱护公物，不在课桌椅、建筑物和文物古迹上涂抹刻画。损坏公物要赔偿。拾到东西归还失主或交公。

16. 积极参加集体活动，认真完成集体交给的任务。少先队员服从队的决议，不做有损集体荣誉的事，集体成员之间相互尊重，学会合作。积极参加学校组织的各种劳动和社会实践活动，多观察，勤动手。

17. 遵守交通法规，过马路走人行横道，不乱穿马路，不在公路、铁路、码头玩耍和追逐打闹。

18. 遵守公共秩序，在公共场所守不拥挤，不喧哗，礼让他人。乘公共车、船等主动购票，主动给老幼病残孕让座。不做法律禁止的事。

19. 珍爱生命，注意安全，防火、防溺水、防触电、防盗、防中毒，不做有危险的游戏。

20. 阅读、观看健康有益的图书、报刊、音像和网上信息，收听、收看内容健康的广播电视节目。不吸烟、不喝酒、不赌博，远离毒品，不参加封建迷信活动，不进入网吧等未成年人不宜入内的场所。敢于斗争，遇到坏人坏事主动报告。

# 附录（一）

## 奥巴马给孩子立的九条家规

奥巴马夫妇对两个女儿，玛莉亚和萨莎，制订了几条看似简单，但操作性极强的家规：

1. 不能有无理的抱怨、争吵或者惹人讨厌的取笑。

2. 一定要铺床，不能只是看上去整洁而已。

3. 自己的事情自己做，比如自己冲麦片或倒牛奶，自己叠被子，自己设置闹钟，自己起床并穿衣服。

4. 保持玩具房的干净。

5. 帮父母分担家务，每周1美元。

6. 每逢生日或是圣诞节，没有豪华的礼物和华丽的聚会。

7. 每晚8点30分准时熄灯。

8. 安排充实的课余生活：玛莉亚跳舞、排戏、弹钢琴、打网球、玩橄榄球；萨莎练体操、弹钢琴、打网球、跳踢踏舞。

9. 不准追星。

# 低年级每日学习习惯养成建议

根据教育局规定，一、二年级没有书面家庭作业。为培养孩子良好的学习生活习惯，让每一个孩子都能健康成长，现对低年级学生每日学习生活习惯建议如下：

1. 主动修改作业的习惯

每天的课堂作业，孩子们会在学校完成，并抽时间及时修改。极个别没有写完或修改完的孩子，请回家及时补写、修改、练习，第二天课间主动交给老师复批。

2. 复习功课的习惯

每天朗读已经学过的课文，熟练认读生字，进行书写练习。

3. 预习功课的习惯

先圈出生字，标出自然段，再借助拼音熟练朗读课文，认读生字。

4. 读课外书的习惯

每天养成一有空就读课外书的习惯，在读中识字，在读中学会积累好词佳句，明事理。

5. 口算练习的习惯

每天都应该像读书写字一样坚持进行口算练习，提高计算能力。

6. 做家务、体育锻炼的习惯

每天坚持做自己力所能及的家务事，进行各项有意义的体育运动。

# 附录（二）

## 舒尔特量表

舒尔特量表是在一张方形卡片上画上1cm×1cm的25个方格，格子内任意填写上阿拉伯数字1～25共25个数字。训练时，要求被测者用手指按1～25的顺序依次指出其位置，同时诵读出声，施测者在一旁记录所用时间。数完25个数字所用时间越短，注意力水平越高。

## 舒尔特量表的评分标准

数完25个数字所用时间越短，注意力水平越高。

5～7岁年龄组：达到30秒以下为优秀，46秒属于中等水平，班级排名会在中游或偏下，55秒则问题较大。

7～12岁年龄组：能达到26秒以下为优秀，学习成绩应是名列前茅，42秒属于中等水平，班级排名会在中游或偏下，50秒则问题较大，考试会出现不及格现象。

12～14 岁年龄组：能达到16秒以下为优秀，学习成绩应是名列前茅，26秒属于中等水平，班级排名会在中游或偏下，36秒则问题较大，考试会出现不及格现象。

18岁及以上成年人：最好可达到 8秒的水平，20秒为中等水平。

为了轻松考取好成绩，获得终生的竞争力，请家长多锻炼孩子的注意力。

## 舒尔特量表

| 24 | 8 | 4 | 12 | 15 |
|----|----|----|----|----|
| 19 | 6 | 11 | 16 | 22 |
| 7 | 13 | 17 | 14 | 5 |
| 1 | 2 | 25 | 20 | 21 |
| 9 | 10 | 18 | 3 | 23 |

时间：_____

| 23 | 8 | 21 | 20 | 18 |
|----|----|----|----|----|
| 19 | 3 | 1 | 9 | 10 |
| 14 | 4 | 22 | 25 | 7 |
| 13 | 24 | 6 | 5 | 16 |
| 12 | 17 | 11 | 15 | 2 |

时间：_____

| 25 | 11 | 22 | 14 | 1 |
|----|----|----|----|----|
| 10 | 6 | 17 | 18 | 8 |
| 15 | 3 | 7 | 4 | 21 |
| 19 | 20 | 13 | 9 | 2 |
| 16 | 23 | 24 | 12 | 5 |

时间：_____

| 2 | 22 | 4 | 1 | 7 |
|----|----|----|----|----|
| 13 | 18 | 17 | 14 | 24 |
| 3 | 16 | 12 | 6 | 21 |
| 19 | 15 | 10 | 23 | 9 |
| 11 | 20 | 5 | 25 | 8 |

时间：_____

| 19 | 25 | 12 | 10 | 14 |
|----|----|----|----|----|
| 20 | 7 | 24 | 22 | 6 |
| 9 | 18 | 4 | 8 | 13 |
| 1 | 3 | 17 | 2 | 16 |
| 15 | 23 | 5 | 21 | 11 |

时间：_____

| 7 | 8 | 1 | 2 | 9 |
|----|----|----|----|----|
| 10 | 3 | 18 | 20 | 22 |
| 16 | 6 | 4 | 11 | 23 |
| 13 | 25 | 5 | 24 | 14 |
| 19 | 12 | 21 | 17 | 15 |

时间：_____

| 25 | 10 | 20 | 22 | 15 |
|----|----|----|----|----|
| 11 | 6 | 7 | 17 | 5 |
| 23 | 4 | 16 | 19 | 2 |
| 9 | 3 | 12 | 13 | 1 |
| 24 | 8 | 21 | 14 | 18 |

时间：_____

| 7 | 9 | 12 | 11 | 24 |
|----|----|----|----|----|
| 19 | 3 | 20 | 13 | 16 |
| 17 | 6 | 23 | 25 | 4 |
| 5 | 22 | 1 | 10 | 8 |
| 18 | 15 | 14 | 2 | 21 |

时间：_____

| 20 | 12 | 2 | 8 | 10 |
|----|----|----|----|----|
| 4 | 18 | 1 | 9 | 14 |
| 11 | 5 | 13 | 17 | 19 |
| 16 | 3 | 7 | 6 | 23 |
| 21 | 25 | 15 | 22 | 24 |

时间：_____

| 19 | 25 | 7 | 24 | 21 |
|----|----|----|----|----|
| 23 | 3 | 11 | 18 | 6 |
| 17 | 8 | 16 | 5 | 20 |
| 10 | 1 | 15 | 9 | 22 |
| 13 | 4 | 2 | 12 | 14 |

时间：＿＿＿＿＿

| 12 | 24 | 1 | 2 | 21 |
|----|----|----|----|----|
| 19 | 11 | 9 | 23 | 4 |
| 14 | 15 | 20 | 7 | 16 |
| 6 | 13 | 3 | 5 | 10 |
| 17 | 22 | 25 | 8 | 18 |

时间：＿＿＿＿＿

| 25 | 6 | 13 | 22 | 14 |
|----|----|----|----|----|
| 15 | 3 | 4 | 11 | 24 |
| 16 | 9 | 20 | 18 | 8 |
| 23 | 1 | 10 | 2 | 17 |
| 12 | 7 | 19 | 5 | 21 |

时间：＿＿＿＿＿

| 18 | 15 | 2 | 20 | 11 |
|----|----|----|----|----|
| 25 | 21 | 5 | 9 | 3 |
| 8 | 7 | 6 | 23 | 10 |
| 22 | 13 | 19 | 17 | 4 |
| 16 | 14 | 12 | 1 | 24 |

时间：＿＿＿＿＿

| 7 | 5 | 2 | 17 | 15 |
|----|----|----|----|----|
| 16 | 4 | 19 | 8 | 22 |
| 25 | 9 | 18 | 14 | 23 |
| 10 | 1 | 6 | 24 | 11 |
| 20 | 21 | 12 | 13 | 3 |

时间：＿＿＿＿＿

| 4 | 5 | 19 | 16 | 3 |
|----|----|----|----|----|
| 21 | 13 | 9 | 7 | 1 |
| 18 | 8 | 11 | 2 | 20 |
| 25 | 14 | 23 | 24 | 22 |
| 15 | 17 | 12 | 10 | 6 |

时间：＿＿＿＿＿

| 8 | 11 | 25 | 15 | 7 |
|----|----|----|----|----|
| 23 | 14 | 12 | 21 | 17 |
| 13 | 10 | 3 | 20 | 16 |
| 22 | 18 | 1 | 24 | 4 |
| 19 | 2 | 5 | 6 | 9 |

时间：＿＿＿＿＿

| 10 | 15 | 25 | 13 | 16 |
|----|----|----|----|----|
| 21 | 7 | 2 | 23 | 11 |
| 22 | 18 | 24 | 6 | 4 |
| 17 | 14 | 8 | 20 | 3 |
| 1 | 9 | 5 | 19 | 12 |

时间：＿＿＿＿＿

| 21 | 23 | 13 | 24 | 2 |
|----|----|----|----|----|
| 7 | 25 | 3 | 12 | 20 |
| 4 | 11 | 19 | 8 | 6 |
| 10 | 1 | 14 | 18 | 9 |
| 5 | 17 | 22 | 15 | 16 |

时间：＿＿＿＿＿

**图书在版编目（CIP）数据**

宝贝上学啦：小学生入学适应指导／刘泽田，王传娥主编. —济南：山东教育出版社，2016

ISBN 978-7-5328-9500-7

Ⅰ. ①宝…　Ⅱ. ①刘…　②王…　Ⅲ. ①小学生—入学教育　Ⅳ. ①G625.5

中国版本图书馆CIP数据核字（2016）第206476号

# 宝贝上学啦
## 小学生入学适应指导

刘泽田　王传娥　主编

主　　管：山东出版传媒股份有限公司

出 版 者：山东教育出版社

　　　　　（济南市纬一路321号　邮编：250001）

电　　话：(0531) 82092664　传真：(0531) 82092625

网　　址：www.sjs.com.cn

发 行 者：山东教育出版社

印　　刷：山东新华印务有限责任公司

版　　次：2016年8月第1版第1次印刷

规　　格：710mm×1000mm　16开

印　　张：5印张

印　　数：1—3000

字　　数：40千字

书　　号：ISBN 978-7-5328-9500-7

定　　价：28.00元

（如印装质量有问题，请与印刷厂联系调换）

（电话：0531-82079112）